D1878143

आँखों भर आकाश

आँखों भर आकाश

निदा फ़ाज़ली

वाणी प्रकाशन

वाणी प्रकाशन
4695, 21-ए, दरियागंज, नयी दिल्ली 110 002
फ़ोन : +91 11 23273167 फ़ैक्स : +91 11 23275710

शाखाएँ
अशोक राजपथ, पटना 800 004, बिहार
कॉफ़ी हाउस कैम्पस, महात्मा गांधी मार्ग, इलाहाबाद 211 001, उत्तर प्रदेश
महात्मा गांधी अन्तरराष्ट्रीय हिन्दी विश्वविद्यालय, वर्धा 442 001, महाराष्ट्र
सुल्तानिया रोड, मोतिया पार्क, भोपाल 462 001, मध्य प्रदेश

www.vaniprakashan.com
marketing@vaniprakashan.in
sales@vaniprakashan.in

AANKHON BHAR AAKASH
by Nida Fazli

ISBN : 978-81-7055-765-4
Shayri

© लेखकाधीन
संस्करण 2001, 2004, 2008
चतुर्थ संस्करण 2021

मूल्य : ₹ 295

इस पुस्तक के किसी भी अंश को किसी भी माध्यम में प्रयोग करने के लिए प्रकाशक से लिखित अनुमति लेना अनिवार्य है।

एशियन ऑफ़सेट प्रेस, दिल्ली-110 093 में मुद्रित

वाणी प्रकाशन का लोगो मक़बूल फ़िदा हुसेन की कूची से

अपनी बेटी तहरीर के नाम

बच्चों के छोटे हाथों में
चाँद सितारे छूने दो
चार किताबें पढ़ कर
ये भी
हम जैसे हो जायेंगे

भूमिका

मैं रोया परदेश में भीगा माँ का प्यार
दुख ने दुख से बात की, बिन चिट्ठी बिन तार।

या

बहनें चिड़िया धूप की, दूर गगन में आएँ
हर आँगन मेहमान-सी, पकड़ो तो उड़ जाएँ।

ये निदा फ़ाज़ली हैं—उर्दू की जदीद शायरी का एक बहुत अहम् नाम जिनके ज़िक्र के बग़ैर उर्दू की नई शायरी का कोई भी तज़किरा अधूरा होगा या कोई भी तनक़ीदी मज़मून एकतरफ़ा होकर अपना तवाजुन खो देगा। गज़ल की जान हो या ज़बान, सोच हो या शिल्प, छब-ढब हो, रख-रखाव हो या सारा रचनात्मक रचाव—अपने मिज़ाज, तेवर और रूप में रचनाकर निदा फ़ाज़ली बिल्कुल अकेले ही दिखायी देते हैं। कुछ मायने में तो वे उर्दू के उन बिरले जदीद शायरों में से हैं जिन्होंने न सिर्फ़ विभाजन की तकलीफ़ें देखी और सही हैं बल्कि बहुत बेलाग ढंग से उसे वो ज़बान दी है जो इससे पहले लगभग गूँगी थी। देश और परिवारों का बँटवारा, दंगे-फ़साद और सांप्रदायिक जुनून को जिस निस्संग और मानवीय धरातल से निदा फ़ाज़ली ने देखा, वह एक हस्सास शायर ही कर सकता था। यह पारदर्शी एहसास उनकी ग़ज़लों नज़्मों और गीतों में ही नहीं, दोहों तक में मिल जाएगा जिनमें वह अपने भारतीय होने की शिनाख़्त को खोने नहीं देते। मिसाल के लिए ऊपर के दो दोहों को ही ले लीजिए। ये हमारी सांस्कृतिक विरासत से रची-बसी भारतीय कविताएँ हैं जिसकी जड़ें सिर्फ इसी ज़मीन में है। ख़ास कर दूसरे दोहे में एक बिल्कुल नई इमेज के ज़रिए जिस नाजुक एहसास को निदा फ़ाज़ली ने गिरफ़्त में लिया उसकी शेरी कैफ़ियत एक हल्के से जर्ब के साथ हमें बेपनाह कर्ब से भर देती है और कोई भी अच्छी कविता सिर्फ यही करती है।

उर्दू की नई शायरी की सबसे बड़ी और पहली शिनाख़्त यह है कि उसने फ़ारसी की अलामतों से अपना पीछा छुड़ाकर अपने आसपास को देखा, अपने इर्द-गिर्द

की आवाज़ें सुनीं और अपनी ही ज़मीन से उखड़ती जड़ों को फिर से जगह देकर मीर, मीराजी, अख्तरुल ईमान, जांनिसार अख्तर जैसे कवियों से अपना नया नाता जोड़ा। उसने ग़ालिब का बेदार ज़हन, मीर की सादालौही और जांनिसार अख्तर की बेराहरवी ली और बिल्कुल अपनी आवाज़ में अपने ही वक़्त की इबारत लिखी—ऐसी इबारत, जिसमें आने वाले वक़्तों की धमक तक सुनाई देती है। यह संयोग की बात नहीं है कि उर्दू के कुछ जदीद शायरों ने तो हिन्दी और उर्दू की दीवार ही ढहाकर रख दी और ऐसे जदीदियों में निदा फ़ाज़ली का नाम सबसे पहले लिया जाएगा।

'आँखों भर आकाश' देवनागरी में आनेवाला निदा फ़ाज़ली का ऐसा संकलन है जिसमें उनकी अब तक की अधिकांश कविताएँ निरखी और परखी जा सकती हैं। इसमें पिछले पच्चीस बरसों की उसकी सोच-समझ और सरोकार का फैलाव है और अब तक आए तीनों मजमूओं में से खुद लेखकीय चुनाव—इसीलिए एक अर्थ में यह निदा की प्रतिनिधि कविताओं का संग्रह भी कहा जा सकता है। इसमें ग़ज़लें भी हैं, नज़्में भी और कुछ गीत भी। शुरू का दौर भी है, बीच का भी और इधर का भी, लेकिन जो बात अव्वल से अब तक मुसलसिल बनी हुई है वह है कवि का हर एक के लिए एक बेलौस लगाव—कुछ लोगों को यह सिनिसिज़्म की हदों को छूने वाला भी लग सकता है लेकिन शायद यह हर आधुनिक रचनाकर की मजबूरी है कि वह माँ, बाप, भाई, बहन, परिवार, स्त्री प्रेम, समाज और देश, किसी को भी जस-का-तस स्वीकार नहीं करता। वह उन्हें सन्देह के कठघरे में धकेलकर सवाल करता है—ऐसे कि पहले वह सवाल पलटकर एक-एक कर खुद उसका गिरेबान पकड़ ले और फिर अंततः समाज का होकर रह जाए। यही वह सच है जिसे अपने समय का हर सही रचनाकार अपने अनुभव की रोशनी में ही देखना और परखना चाहता है जैसाकि खुद निदा फ़ाज़ली का ही एक दोहा है :

वो सूफ़ी का क़ौल हो या पण्डित का ज्ञान,
जितनी बीते आप पर उतना ही सच मान

—शानी

अनुक्रम

नज़्म

गीत

ग़ज़ल

नज़्म

यह बात तो गलत है

कोई किसी से खुश हो और वो भी बारहा हो
यह बात तो गलत है
रिश्ता लिबास बन कर मैला नहीं हुआ हो
यह बात तो गलत है

वो चाँद रहगुज़र का, साथी जो था सफर का
था मोजिज़ा नज़र का
हर बार की नज़र से रौशन वह मोजिज़ हो
यह बात तो गलत है

है बात उसकी अच्छी, लगती है दिल को सच्ची
फिर भी है थोड़ी कच्ची
जो उसका हादिसा है मेरा भी तजरूबा हो
यह बात तो गलत है

दरिया है बहता पानी, हर मौज है रवानी
रुकती नहीं कहानी
जितना लिखा गया है उतना ही वाकिआ हो
यह बात तो ग़लत है

ये युग है कारोबारी, हर शय है इशतहारी
राजा हो या भिखारी
शोहरत है जिसकी जितनी, उतना ही मर्तबा हो
यह बात तो गलत है

जब भी दिल ने दिल को सदा दी

जब भी दिल ने दिल को सदा दी
सन्नाटों में आग लगा दी...

मिट्टी तेरी, पानी तेरा
जैसी चाही शक्ल बना दी

छोटा लगता था अफ्साना
मैंने तेरी बात बढ़ा दी

सोचने बैठे जब भी उसको

सोचने बैठे जब भी उसको
अपनी ही तस्वीर बना दी

ढूँढ़ के तुझ में, तुझको हमने
दुनिया तेरी शान बढ़ा दी

ऐसा नहीं होता

जो हो इक बार, वह हर बार हो ऐसा नहीं होता
हमेशा एक ही से प्यार हो ऐसा नहीं होता

हरेक कश्ती का अपना तज्रिबा होता है दरिया में
सफर में रोज़ ही मंझदार हो ऐसा नहीं होता

कहानी में तो किरदारों को जो चाहे बना दीजे
हक़ीक़त भी कहानी कार हो ऐसा नहीं होता

सिखा देती है चलना

सिखा देती है चलना ठोकरें भी राहगीरों को
कोई रस्ता सदा दुशवार हो ऐसा नहीं होता

कहीं तो कोई होगा जिसको अपनी भी ज़रूरत हो
हरेक बाज़ी में दिल की हार हो ऐसा नहीं होता

मौत की नहर

प्यार, नफ़रत, दया, वफ़ा, एहसान
क़ौम, भाषा, वतन, धरम, ईमान
उम्र गोया...
चट्टान है कोई
जिस पर इन्सान कोहकन[1] की तरह
मौत की नहर...
खोदने के लिए,
सैकड़ों तेशे[2]
आज़माता है
हाथ-पाँव चलाये जाता है

1. फरहाद (पहाड़ तोड़ने वाला) 2. पत्थर तोड़ने का औजार

देखा गया हूँ

देखा गया हूँ मैं कभी सोचा गया हूँ मैं
अपनी नज़र में आप तमाशा रहा हूँ मैं

मुझसे मुझे निकाल के पत्थर बना दिया
जब मैं नहीं रहा हूँ तो पूजा गया हूँ मैं

मैं मौसमों के जाल में जकड़ा हुआ दरख़्त
उगने के साथ-साथ बिखरता रहा हूँ मैं

ऊपर के चेहरे-मोहरे से धोखा न खाइए
मेरी तलाश कीजिए, गुम हो गया हूँ मैं

बूढ़ा मलबा

हर माँ
अपनी कोख से
अपने शौहर को जन्मा करती है
मैं भी जब
अपने कन्धों से
बूढ़े मलबे को ढो-ढो कर
थक जाऊँगा
अपनी महबूबा के
कुँवारे गर्भ में
छुप कर सो जाऊँगा।

बैसाखियाँ

(एक वियतनामी जोड़े की तस्वीर देखकर)

आओ हम-तुम
इस सुलगती खामुशी में
रास्ते की
सहमी-सहमी तीरगी[1] में
अपने बाज़ू, अपने सीने, अपनी आँखें
फड़फड़ाते होंठ
चलती-फिरती टाँगें
चाँद के अन्धे गढ़े में छोड़ जाएँ

कल
इन्हीं बैसाखियों पर बोझ साधे
सैकड़ों ज़ख़्मों से चकनाचूर सूरज
लड़खड़ाता,
टूटता
मजबूर सूरज
रात की घाटी से बाहर आ सकेगा
उजली किरणों से नई दुनिया रचेगा
आओ
हम!
तुम!

1. अँधेरा

एक लुटी हुई बस्ती की कहानी

बजी घंटियाँ
ऊँचे मीनार गूँजे
सुन्हेरी सदाओं ने
उजली हवाओं की पेशानियों पर

रहमत के
बरकत के
पैग़ाम लिक्खे—
वुज़ू करती सुब्हें
खुली कोहनियों तक
मुनव्वर हुईं—
झिलमिलाए अँधेरे
—भजन गाते आँचल ने
पूजा की थाली से
बाँटे सवेरे
खुले द्वार!
बच्चों ने बस्ता उठाया
बुज़ुर्गों ने—
पेड़ों को पानी पिलाया
—नये हादिसों की खबर ले के
बस्ती की गलियों में
अख़बार आया

ख़ुदा की हिफाज़त की ख़ातिर
पुलिस ने
पुजारी के मन्दिर में
मुल्ला की मस्जिद में
पहरा लगाया।

खुद इन मकानों में लेकिन कहाँ था
सुलगते मुहल्लों के दीवारों दर में
वही जल रहा था जहाँ तक धुवाँ था।

मन बैरागी

मन बैरागी, तन अनुरागी, कदम-कदम दुशवारी है
जीवन जीना सहल न जानो बहुत बड़ी फनकारी है

औरों जैसे होकर भी हम बा-इज़्ज़त हैं बस्ती में
कुछ लोगों का सीधापन है, कुछ अपनी अय्यारी है

जब-जब मौसम झूमा हम ने कपड़े फाड़े शोर किया
हर मौसम शाइस्ता रहना कोरी दुनियादारी है

ऐब नहीं है उसमें कोई, लाल परी न फूल गली
यह मत पूछो, वह अच्छा है या अच्छी नादारी[1] है

जो चेहरा देखा वह तोड़ा, नगर-नगर वीरान किए
पहले औरों से नाखुश थे अब खुद से बेज़ारी है।

1. गरीबी

फ़क़त चन्द लम्हें

बहुत देर है
बस के आने में
आओ
कहीं पास के लॉन पर बैठ जाएँ
चटख़ता है मेरी भी रग-रग में सूरज
बहुत देर से तुम भी चुप-चुप खड़ी हो
न मैं तुमसे वाकिफ़
न तुम मुझसे वाकिफ़
नई सारी बातें, नए सारे क़िस्से
चमकते हुए लफ़्ज, चमकीले लहजे
फ़क़त चन्द लम्हे
न मैं अपने दुःख-दर्द की बात छेड़ूँ
न तुम अपने घर की कहानी सुनाओ
मैं मौसम बनूँ
तुम फ़ज़ाएँ जगाओ

किताब घर की मौत

ये रस्ता है वही
तुम कह रहे हो
यहाँ तो पहले जैसा कुछ नहीं है!

दरख़्तों पर न वो चालाक बन्दर
परेशाँ करते रहते थे
जो दिन भर

न ताक़ों में छुपे सूफी कबूतर
जो पढ़ते रहते थे
तस्बीह दिन भर

न कड़वा नीम इमली के बराबर
जो घर घर घूमता था
वेद बन कर

कई दिन बाद
तुम आए हो शायद?

ये सूरज चाँद वाला बूढ़ा अम्बर
बदल देता है
चेहरे हों या मंजर

ये आलीशान होटल है
जहाँ पर
यहाँ पहले किताबों की
दुकां थी...!

बम्बई

यह कैसी बस्ती है
मैं किस तरफ़ चला आया
फ़ज़ा में गूँज रही हैं हजारों आवाज़ें
सुलग रही हैं हवाओं में अनगिनत साँसें
जिधर भी देखो
खवे, कूल्हें, पिंडलियाँ, बाँहें
मगर कहीं–
कोई चेहरा नज़र नहीं आता!

यहाँ तो सब ही बड़े-छोटे-अपने चेहरों को
चमकती आँखों को, गालों को, हँसते होंठों को
सरों के ख़ोल से बाहर निकाल लेते हैं
सवेरे उठते ही
जेबों में डाल लेते हैं!
अजीब बस्ती है!
इसमें न दिन, न रात, न शाम
बसों की सीट से सूरज तुलूअ[1] होता है
झुलसती टीन की खोली में चाँद सोता है
यहाँ तो कुछ भी नहीं!
रेल और बसों के सिवा
ज़मीं पे रेंगते बेहिस समुन्दरों के सिवा?

1. उदय

इमारतों को निगलती इमारतों के सिवा
यह कब्र-कब्र जंज़ीरा[2] किसे जगाओगे
खुद अपने आप से उलझोगे टूट जाओगे
यहाँ तो कोई भी चेहरा नज़र नहीं आता!

2. द्वीप

खेल

आओ
कहीं से थोड़ी-सी मिट्टी भर लाएँ
मिट्टी को बादल में गूँधें
चाक चलाएँ
नए-नए आकार बनाएँ
किसी के सर पे चुटिया रख दें
माथे ऊपर तिलक सजाएँ...
किसी के छोटे से चेहरे पर
मोटी-सी दाढ़ी फैलाएँ
कुछ दिन इनसे जी बहलाएँ
और यह जब मैले हो जाएँ
दाढ़ी चोटी तिलक सभी को
तोड़-फोड़ के गड-मड़ कर दें
मिली-जुली यह मिट्टी फिर से
अलग-अलग साँचों में भर दें
—चाक चलाएँ
नए-नए आकार बनाएँ
दाढ़ी में चोटी लहराए
चोटी में दाढ़ी छुप जाए
किसमें कितना कौन छिपा है
कौन बताए?

दो खिड़कियाँ

आमने-सामने दो नई खिड़कियाँ

जलती सिग़रेट की लहराती आवाज़ में
सुई-डोरे के रंगीन अल्फाज़ में
मशवरा कर रही हैं कई रोज़ से

शायद अब
बूढ़े दरवाज़े सिर जोड़ कर
वक़्त की बात को वक़्त पर मान लें
बीच की टूटी-फूटी गली छोड़ कर
खिड़कियों के इशारों को पहचान लें!

एक तस्वीर

सुब्ह की धूप
धुली शाम का रूप
फ़ाख़्ताओं की तरह सोच में डूबे तालाब
अजनबी शहर के आकाश
धुँदलकों की किताब
पाठशाला में
चहकते हुए मासूम गुलाब
घर के आँगन की महक
बहते पानी की खनक
सात रंगों की धनक
तुम को देखा तो नहीं है लेकिन
मेरी तन्हाई में
ये रंग-बिरंगे मंजर
जो भी तस्वीर बनाते हैं
वह!
तुम जैसी है।

सफ़र में

सफ़र में धूप तो होगी जो चल सको तो चलो
सभी हैं भीड़ में तुम भी निकल सको तो चलो

यहाँ किसी को कोई रास्ता नहीं देता
मुझे गिरा के अगर तुम सँभल सको तो चलो

हर इक सफ़र को है महफ़ूज़ रास्तों की तलाश
हिफ़ाज़तों की रिवायत[1] बदल सको तो चलो

यही है ज़िन्दगी कुछ ख्वाब चन्द उम्मीदें
इन्हीं खिलौनों से तुम भी बहल सको तो चलो

किसी के वास्ते राहें कहाँ बदलती हैं
तुम अपने आपको खुद ही बदल सको तो चलो

1. परम्परा

तुमसे मिली नहीं है दुनिया

जितनी बुरी कही जाती है
उतनी बुरी नहीं है दुनिया
बच्चों के स्कूल में शायद
तुमसे मिली नहीं है दुनिया

चार घरों के एक मुहल्ले
के बाहर भी है आबादी
जैसी तुम्हें दिखाई दी है
सब की वही नहीं है दुनिया

घर में ही मत इसे सजाओ,
इधर-उधर भी लेके जाओ
यूँ लगता है जैसे तुम से
अब तक खुली नहीं है दुनिया

भाग रही है गेंद के पीछे
जाग रही है चाँद के नीचे
शोर भरे काले नारों से
अब तक डरी नहीं है दुनिया

दो सोचें

सुबह जब अखबार ने मुझसे कहा
ज़िन्दगी जीना
बहुत दुशवार है

सरहदें फिर शोरगुल करने लगीं
जंग लड़ने के लिए
तैयार है

दरमियाँ जो था खुदा अब वो कहाँ
आदमी से आदमी
बेज़ार है

पास आकर एक बच्चे ने कहा
आपके हाथों में जो
अखबार है
इस में मेले का भी
बाज़ार है

हाथी, घोड़ा, भालू
सब होंगे वहाँ
हाफ डे है आज
कल इतवार है

वक़्त से पहले

यूँ तो
हर रिश्ते का अंजाम यही होता है
फूल खिलता है
महकता है
बिखर जाता है

तुमसे
वैसे तो नहीं कोई शिकायत
लेकिन--
शाख़ हो सब्ज़[1] तो
हस्सास[2] फज़ा होती है
हर कली जख़्म की सूरत ही
जुदा होती है

तुमने
बेकार ही मौसम को सताया
वर्ना--
फूल जब खिल के महक जाता है
खुद-ब-खुद
शाख़ से गिर जाता है।

1. हरी 2. भावुक

इतनी पी जाओ

इतनी पी जाओ
कि कमरे की सियह[1] खामोशी
इससे पहले कि कोई बात करे
तेज़ नोकीले सवालात करे
इतनी पी जाओ कि दीवारों के बेरंग निशान
इससे पहले कि
कोई रूप भरें
माँ बहन भाई की तस्वीर करें
मुल्क तक़्सीम[2] करें
इससे पहले कि उठें दीवारें
खून से माँग भरें तलवारें
यूँ गिरो टूट के बिस्तर पे अँधेरा खो जाए
जब खुले आँख सवेरा हो जाए
इतनी पी जाओ!

1. काला 2. विभाजन

बेख़बरी

पड़ोसी के बच्चे को क्यों डाँटती हो
शरारत तो बच्चों का शेवा रहा है।

बिचारी सुराही का क्या दोष इसमें
कभी ताज़ा पानी भी ठण्डा हुआ है!

सहेली से बेकार नाराज़ हो तुम
दुपट्टे पे धब्बा तो कल का पड़ा है।

रिसाले[1] को झुँझला के क्यों फेंकती हो
बिना ध्यान के भी कोई पढ़ सका है!

किसी जाने वाले को आख़िर ख़बर क्या
जहाँ लड़कियाँ होंठ कम खोलती हैं

परिन्दों की पर्वाज[2] में डोलती हैं
महक बन के हर फूल में बोलती हैं।

1. पत्रिका 2. उड़ान

क़ौमी एकता

यह तवाइफ़
कई मर्दों को पहचानती है
शायद इसीलिए
दुनिया को ज़्यादा जानती है
—उसके कमरे में
हर मज़हब के भगवान की
एक-एक तस्वीर लटकी है
ये तस्वीरें
लीडरों की तक़रीरों की तरह नुमाइशी नहीं
उसका दरवाज़ा
रात गए तक
हिन्दू
मुस्लिम
सिख
ईसाई
हर ज़ात के आदमी के लिए खुला रहता है।
खुदा जाने
उसके कमरे की-सी कुशादगी[1]
मस्जिद
और
मन्दिर के आँगनों में कब पैदा होगी!

1. विस्तार

एक ही ग़म

अगर कब्रिस्तान में
अलग-अलग
कत्बे[1] न हों
तो हर कब्र में
एक ही ग़म सोया हुआ होता है
—किसी माँ का बेटा
किसी भाई की बहन
किसी आशिक की महबूबा
तुम—
किसी कब्र पर भी
फातिहा पढ़ के चले जाओ

1. शिला लेख

एक बात

उसने
अपना पैर खुजाया
अँगूठी के नग को देखा
उठ कर
ख़ाली जग को देखा
चुटकी से एक तिनका तोड़ा
चरपाई का बान मरोड़ा

भरे-पुरे घर के आँगन में
कभी-कभी वह बात!
जो लब तक
आते-आते खो जाती है
कितनी सुन्दर हो जाती है!

बस का सफ़र

मैं चाहता हूँ
यह चौकोर धूप का टुकड़ा
उलझ रहा है जो बालों में इसको सुलझा दो
यह दायें बाजू पर
नन्ही-सी इक कली-सा निशान
जो अब की बार दोपट्टा उड़े
तो सहला दूँ
खुली किताब को हाथों से छीन कर रख दूँ
ये फ़ाख्ताओं से दो पाँव
गोद में भर लूँ।

कभी-कभी तो सफ़र ऐसे रास आते हैं
ज़रा-सी देर में दो घंटे बीत जाते हैं।

नई डायरी का एक वर्क़

सिर्फ़ काग़ज़ के कलेण्डर में नया दिन बदला
सिफ़ लोहे में बँधे वक़्त का डाइल घूमा
चाबियों वाला खिलौना
चुप-चाप
घर की देहलीज़ से बाहर आकर
दायरा-दायरा
नाचा
झूमा
तालियाँ बजती रहीं
क़हक़हे सजते रहे
चौकड़ी भरता हुआ धूप हिरण
आख़िरी बस के सियह पहिए से
हाँफता-काँपता
टकराया
गिरा
टूट गया
एक दिन और कई दिन की तरह रूठ गया
आज भी वह ही हुआ
जिसके होने का बहुत ख़दशा[1] था
अभी भी कुछ न हुआ।

1. भय

नील गगन में

नील गगन में तैर रहा है, उजला-उजला पूरा चाँद
किन आँखों से देखा जाये, चंचल चेहरे जैसा चाँद

मुन्नी की भोली बातों-सी, चटकीं तारों की कलियाँ
पप्पू की ख़ामोश शरारत-सा छुप-छुप कर उभरा चाँद

मुझसे पूछो कैसे काटी मैंने पर्वत जैसी रात
तुमने तो गोदी में लेकर घंटों चूमा होगा चाँद

परदेसी सूनी आँखों में शोले से लहराते हैं
भाभी की छेड़ों से बादल, आपा की चुटकी-सा चाँद

तुम भी लिखना, तुमने उस शब कितनी बार पिया पानी
तुमने भी तो छज्जे ऊपर देखा होगा पूरा चाँद।

ख़ुदकुशी

क्या खूब आदमी था बला का ज़हीन था
कहता था माँ की गोद से तारीक[1] कब्र तक
इक रास्ता है
जिस पे चले जा रहे हैं हम
पहिए पे चढ़ चुके हैं
घिसे जा रहे हैं हम
उलझा रहा वह अपने ही अन्दर-अन्दर तमाम उम्र
हर पल नया सवाल
जीना वबाल था
महदूद[2] हो के सोचना
उसको मुहाल था

लीडर बना!
न चोर!
न रूहानी[3] पेशवा!
अफ़सोस जैसे आया था वैसे ही चल दिया
हर क़द को नापता था यही उसका ऐब था
कमबख़्त को यह ऐब छुपाना न आ सका
लोगों को बेवकूफ़ बनाना न आ सका
क्या खूब आदमी था!

1. अंधेरी 2. सीमित 3. आध्यात्मिक

बस यूँ ही जीते रहो

बस यूँ ही जीते रहो
कुछ न कहो
सुब्ह जब सो के उठो
घर के अफ़राद[1] की गिनती कर लो

टाँग पर टाँग रखे रोज़ का अख़बार पढ़ो
इस जगह क़हना[2] पड़ा
जंग वहाँ पर बरसो
कितने महफ़ूज़ हो तुम शुक्र करो
रेडियो खोल के फिल्मों के नए गीत सुनो
घर से जब निकलो तो
शाम तक के लिए होंठों में तबस्सुम सी लो
दोनों हाथों में मुसाफे[3] भर लो
मुँह में कुछ खोखले, बेमानी से जुमले रख लो
मुख़्तलिफ़ हाथों में सिक्कों की तरह घिसते रहो
कुछ न कहो

उजली पोशाक
समाजो इज़्ज़त

1. सदस्य 2. अकाल 3. हाथ मिलाना

और क्या चाहिए जीने के लिए
रोज मिल जाती है पीने के लिए
बस यूँ ही जीते रहो
कुछ न कहो।

1. सदस्य 2. अकाल 3. हाथ मिलाना

एक लड़की

वह फूल-फूल नज़र साँवली-सी इक लड़की
जो रोज़ मेरी गली से गुज़र के जाती है

सुना है!
वह किसी लड़के से प्यार करती है
बहार हो के तलाशे-बहार करती है

न कोई मेल न कोई लगाव है लेकिन
न जाने क्यों, बस उसी वक़्त जब वह आती है
कुछ इन्तज़ार की आदत-सी हो गई है मुझे
इस अजनबी की ज़रूरत-सी हो गई है मुझे

मेरे वराँडे के आगे यह फूस का छप्पर
गली के मोड़ पे उखड़ा हुआ-सा इक पत्थर
यह एक झुकती हुई बदनुमा-सी नीम की शाख़
और उस पर जंगली कबूतर के घोंसले का निशाँ

ये सारी चीज़ें कि जैसे मुझी में शामिल हैं
मेरे दुखों में, मेरी हर खुशी में शामिल हैं

मैं चाहता हूँ कि वह भी यूँही गुज़रती रहे
इसी तरह से ही लड़के से प्यार करती रहे।

सवाल पूछते रहो

सवाल पूछते रहो
सरों पे आस्मान था
क़दम-क़दम ज़मीन थी
धुआँ-धुआँ है आस्माँ
ज़मीन खो गई कहाँ?
बरस रही है तीरगी[1]
न हाथ है न पाँव है
न शहर है न गाँव है
सदाएँ ही सदाएँ हैं
वतन, चराग़, खून, डर

अरब, यहूद, केन्सर
चुनाब, रूस, चीन, घर
सियह सपेफद बेलगाम
तवा-कड़ाही वियतनाम

सवाल ही हयात है
सवाल ही कायनात है
सवाल ही जवाब है
सवाल ही इन्किलब है

कोई जवाब दे न दे
सवाल पूछते रहो

1. अँधेरा

बात कम कीजे

बात कम कीजे ज़िहानत को छिपाते रहिए
यह नया शहर कुछ दोस्त बनाते रहिए

दुश्मनी लाख सही ख़त्म न कीजे रिश्ता
दिल मिले या न मिले हाथ मिलाते रहिए

यह तो चेहरे का कोई अक्स है तस्वीर नहीं
इस पे कुछ रंग अभी और चढ़ाते रहिए

ग़म है आवारा अकेले में भटक जाता है
जिस जगह रहिए वहाँ मिलते मिलाते रहिए

जाने कब चाँद बिखर जाए घने जंगल में
घर की चौखट पे कोई दीप जलाते रहिए

एक मुलाक़ात

नीम तले दो जिस्म अजाने, चम-चम बहता नदिया जल
उड़ी-उड़ी चेहरे की रंगत खुले-खुले जुल्फ़ों के बल
दबी-दबी कुछ गीली साँसें, झुके-झुके-से नयन-कँवल
नाम उसका?	दो नीली आँखें!
ज़ात उसकी?	रस्ते की रात!
मज़हब उसका?	भीगा मौसिम!
पता?	बहारों की बरसात!

मुहब्बत में

मुहब्बत में वफ़ादारी से बचिए
जहाँ तक हो अदाकारी से बचिए

हर इक सूरत भली लगती है कुछ दिन
लहू की शोबदा[1] कारी से बचिए

शराफ़त, आदमीयत, दर्दमन्दी
बड़े शहरों में बीमारी से बचिए

ज़रूरी क्या हर इक महफ़िल में बैठें
तकल्लुफ़ की रवादारी[2] से बचिए

बिना पैरों के सर चलते नहीं हैं
बुज़ुर्गों की समझदारी से बचिए

1. जादू 2. औपचारिकता

दो सहेलियाँ

बैठे-बैठे ऊब रहे हैं
आओ सहेली
सरपट भागें
सिर के बाल तलक खुल जाएँ
धम-धम!
यूँ देहलीज़ें लाँघें।

घुटनों-घुटनों ताल में चल कर
मुँह-मुँह तक
गागर भर लाएँ
और निशाने ताक-ताक कर
पत्थर से पत्थर टकराएँ।
बरगद की नंगी डाल पर
बिन झूले के
ऐसा झूलें
लॉटिक चुटले में फँस जाए
अँगूठे पेशानी छू लें।

हँसी-हँसी में इक दूजे पर
बदली बन-बन कर यूँ टूटें
आटे जैसा कस कर गूँधें
कई जगह से टूटे-फूटें!

दुनिया जिसे कहते हैं

दुनिया जिसे कहते हैं बच्चे का खिलौना है
मिल जाए तो मिट्टी है खो जाए तो सोना है

अच्छा-सा कोई मौसम, तन्हा-सा कोई आलम
हर वक़्त का रोना तो बेकार का रोना है

बरसात का बादल तो दीवाना है क्या जाने
किस राह से बचना है किस छत को भिगोना है

ये वक़्त जो तेरा है, ये वक़्त जो मेरा
हर गाम[1] पर पहरा है, फिर भी इसे खोना है

ग़म हो कि खुशी दोनों कुछ दूर के साथी हैं
फिर रस्ता ही रस्ता है हँसना है न रोना है

आवारा मिज़ाजी ने फैला दिया आँगन को
आकाश की चादर है धरती का बिछौना है।

1. कदम

भोर

गूँज रही हैं
चंचल चकियाँ
नाच रहे हैं सूप
आँगन-आँगन
छम-छम छम-छम
घूँघट काढ़े रूप
हौले-हौले

बछिया का मुँह चाट रही है गाय
धीमे-धीमे
जाग रही है
आड़ी-तिरछी धूप।

सर्दी

कुहरे की झीनी चादर में
            यौवन रूप छिपाए
चौपालों पर
            मुस्कानों की आग उड़ाती जाए
            गाजर तोड़े
            मूली नोचे
            पके टमाटर खाए
            गोदी में इक भेड़ का बच्चा
            आँचल में कुछ सेब
            धूप सखी की अँगुली पकड़े
                इधर-उधर मँडराए

कच्चे बख़िए की तरह

कच्चे बख़िए की तरह रिश्ते उधड़ जाते हैं
लोग मिलते हैं मगर मिल के बिछड़ जाते हैं

यूँ हुआ, दूरियाँ कम करने लगे थे दोनों
रोज़ चलने से, तो रस्ते भी उखड़ जाते हैं

छाँव में रख के ही पूजा करो यह मोम के बुत
धूप में अच्छे-भले नक़्श बिगड़ जाते हैं

भीड़ से कट के न बैठा करो तन्हाई में
बेख़याली में कई शहर उजड़ जाते हैं।

पहला पानी

छन-छन करती टीन की चादर
सन-सन बजते पात
पिंजरे का तोता
दुहराता
            रटी-रटाई बात

मुट्ठी में दो जामुन
मुँह में
एक चमकती सीटी
आँगन में चक्कर खाती है
            छोटी-सी बरसात।

मोरनाच

देखते-देखते
उसके चारों तरफ़
सात रंगों का रेशम बिखरने लगा
धीमे-धीमे कई खिड़कियाँ-सी खुलीं
फड़फड़ाती हुई फ़ाख़्ताएँ उड़ीं
बदलियाँ छा गईं
बिजलियों की लकीरें चमकने लगीं
सारी बंजर ज़मीनें हरी हो गईं

नाचते-नाचते
मोर की आँख से
पहला आँसू गिरा
खूबसूरत सजीले परों की धनक
टूटकर टुकड़ा-टुकड़ा बिखरने लगी
फिर फ़ज़ाओं से जंगल बरसने लगा
देखते-देखते

एक दिन

सूरज!
इन नट-खट बालक-सा
दिन भर शोर मचाए
इधर-उधर चिड़ियों को बिखेरे
किरनों को छितराए
कलम, दराँती, ब्रश, हथौड़ा
जगह-जगह फैलाए

शाम!
थकी-हारी माँ जैसी
एक दीया मिलकाए
धीमे-धीमे
सारी बिखरी चीज़ें चुनती जाए।

घर से निकले तो हो

घर से निकले तो हो सोचा भी किधर जाओगे
हर तरफ़ तेज़ हवाएँ हैं बिखर जाओगे

इतना आसाँ नहीं लफ़्ज़ों पर भरोसा करना
घर की देहलीज़ पुकारेगी जिधर जाओगे

शाम होते ही सिमट जाएँगे सारे रस्ते
बहते दरया से जहाँ होंगे ठहर जाओगे

हर नए शहर में कुछ रातें कड़ी होती हैं
छत से दीवारें जुदा होंगी तो डर जाओगे

पहले हर चीज़ नज़र आएगी बेमानी-सी[1]
और फिर अपनी ही नज़रों से उतर जाओगे

1. अर्थहीन

पहचान

(हाजिरा बेगम[1] की नज़्र)

नहीं, यह भी नहीं
            यह भी नहीं
            यह भी नहीं...वह तो
                न जाने कौन थे
यह सब के सब तो मेरे जैसे हैं
            सभी की धड़कनों में नन्हे-नन्हे चाँद रौशन हैं
            सभी मेरी तरह से वक़्त की भट्ठी के ईंधन हैं
जिन्होंने मेरी कुटिया में अँधेरी रात में घुस कर
मेरी आँखों के आगे
मेरे बच्चों को जलाया था
वह कोई और थे
वह चेहरे तो कहाँ अब ज़हन में महफ़ूज़ जज साहब
            मगर हाँ!
            पास हूँ तो सूँघकर पहचान सकती हूँ
            वह उस जंगल से आए थे
            जहाँ की औरतों की गोद में
            बच्चे नहीं हँसते।

1. जलगाँव के फ़साद में जिनके चार बच्चों को फ़सादियों ने जिन्दा जला दिया था।

इज़हार

शाम होने को है
पीली धूप
छज्जे में उतर कर
ऊन के गोले-सी बिस्तर पर पड़ी है
रंग में डूबी दिशाएँ
पत्तियों में सरसराती अप्सराएँ
तुम नहीं हो
चाहता हूँ इस घड़ी जो ज़हन में है नज़्म1 कर दें

शब्द सारे शब्द
कितने अजनबी
कितने अजाने
काँच की प्याली को चकनाचूर कर दूँ
सब क़िताबों पर नये कागज़ चढ़ा दूँ
नीम की डाली से चिड़िया को उड़ा दूँ
दौड़ते बच्चे को गोदी में उठा कर
रास्ते से इक नई गुड़िया दिला दूँ
रेशमी तलवों को मुँह से गुदगुदा दूँ
शब्द सारे शब्द
कितने अजनबी
कितने अजाने

1. अभिव्यक्तफ

पैदाइश

बन्द कमरा
छटपटाता घुप अन्धेरा
और
दीवारों से टकराता हुआ
मैं...!
मुन्तज़िर[1] हूँ मुद्दतों से अपनी पैदाइश के दिन का
अपनी माँ के पेट से
निकला हूँ जब से
मैं
खुद अपने पेट के अन्दर पड़ा हूँ।

1. इन्तिजार में

जहाँ न तेरी महक हो

जहाँ न तेरी महक हो उधर न जाऊँ मैं
मेरी मिज़ाज सफ़र है गुज़र न जाऊँ मैं

मेरे बदन में खुले जंगलों की मिट्टी है
मुझे सँभाल के रखना बिखर न जाऊँ मैं

मेरे दिमाग़ में बेमानी उलझनें हैं बहुत
मुझे उधर से बुलाना जिधर न जाऊँ मैं

कहीं पुकार न ले गहरी वादियों का सुकूत[1]
किसी मुक़ाम पे आकर ठहर न जाऊँ मैं।

न जाने कौन-से लम्हे की बद्दुआ है यह
क़रीब घर के रहूँ और घर न जाऊँ मैं

1. खामोशी

कभी किसी को

कभी किसी को मुकम्मल जहाँ नहीं मिलता
कहीं ज़मीन कहीं आसमाँ नहीं मिलता

बुझा सका है भला कौन वक्त के शोले
यह ऐसी आग है जिसमें धुवाँ नहीं मिलता

तमाम शहर में ऐसा नहीं खुलूस[1] न हो
जहाँ उमीद हो इसकी वहाँ नहीं मिलता

कहाँ चराग़ जलाएँ, कहाँ गुलाब रखें
छतें तो मिलती हैं लेकिन मकाँ नहीं मिलता

यह क्या अज़ाब है सब अपने आप में गुम हैं
जुबाँ मिली है मगर हमजुबाँ नहीं मिलता

चराग़ जलते ही बीनाई बुझने लगती है
खुद अपने घर में ही घर का निशाँ नहीं मिलता

1. हमदर्दी

फिर यूँ हुआ

मुमकिन है चन्द रोज़
परीशाँ रही हो तुम
यूँ भी हुआ हो, वक़्त पर सूरज उगा न हो
इमली में कोई अच्छा कतारा पका न हो
छत की खुली हवाओं में आँचल उड़ा न हो

दो-तीन दिन रज़ाई में सर्दी रुकी न हो
कमरे की रात पंख पसारे उड़ी न हो

हँसने की बात पर भी ब-मुश्किल हँसी हो तुम
मुमकिन है चन्द रोज़ परीशाँ रही हो तुम

कुछ दिन ख़तों में आँसू बहे शोरो-गुल हुआ
तुम ज़हर पी के सोईं!
मैं इंजन से कट गया!

फिर यूँ हुआ कि धूप खुली अब्र छट गया
मैंने वतन से कोसों परे घर बसा लिया
तुमने पड़ोस में 'नया भाई' बना लिया।

रास्ते की मनतक

अभी-अभी जो गया है धकेल कर तुमको
उसे बुरा न कहो
अपने पैर मत रोको
जो चल सको तो चलो
वर्ना रास्ता छोड़ो!
तुम्हारे पीछे भी कुछ लोग आ रहे होंगे
दया की भीख न माँगो
बढ़े चलो यूँ ही
उबलती भीड़ की लहरें हैं तेज़धार बहुत

यहाँ किसी की किसी ने नज़र नहीं मिलती
न दोस्ती
    न मुहब्बत
        न फलसफ़ा[1] कोई
यह रास्ता है यहाँ रास्ते की मनतक[2] है
तलाश सब को है
मौक़े की बात है सारी
कोई फिसलता
    कोई फलाँग जाता है
जो आगे बढ़ता है दो-चार को गिराता है
अभी-अभी जो गया है धकेल कर तुमको
उसे बुरा न कहो

1. दर्शनशास्त्र 2. तर्क

फ़ुरसत

मैं नहीं समझ पाया आज तक इस उलझन को
खून में हरारत थी या तेरी मुहब्बत थी
क़ैस[1] हो कि लैला हो, हीर हो कि राँझा हो
बात सिर्फ़ इतनी है आदमी को फुरसत थी।

1. मजनूँ

सलीक़ा

देवता है कोई हम में
　　　　न फरिश्ता कोई
　　　　छू के मत देखना
हर रंग उतर जाता है
मिलने-जुलने का सलीक़ा है ज़रूरी वर्ना
आदमी चन्द मुलाक़ातों में मर जाता है

सहर[1]

सुनहरी धूप की कलियाँ खिलाती
घनी शाखों में चिड़ियों को जगाती
हवाओं के दुपट्टे को उड़ाती

ज़रा-सा चाँद माथे पर उगा के
रसीले नैन कागज से सजा के
चमेली की कली बालों में टाँके

सड़क पर नन्हें-नन्हें पाँव धरती
मज़ा ले-ले के बिस्कुट को कुतरती

सहर मक़तब[2] में पढ़ने जा रही है
धुँदलकों से झगड़ने जा रही है

1. सवेरा 2. पाठशाला

दोपहर

जिस्म लाग़र[1], थका-थका चेहरा
हर तबस्सुम पे दर्द का पहरा

हिप्स पर पूरी बेंत की जाली
जेब में गोल मेज़ की ताली
हाथ पर रोशनाई की लाली

उड़ती चीलों का झुण्ड तकती हुई
तपते सूरज से सर को ढकती हुई
कुछ न कुछ मुँह ही मुँह में बकती हुई

खुश्क आँखों पर पानी छपका कर
पीले हाथी[2] का ठूँठ सुलगा कर

दो पहर चाय पीने बैठी है
चाक दामन के सीने बैठी है।

1. दुर्बल 2. एक पुरानी सिगरेट का ब्राण्ड

म्यूज़ियम

सलाखें ही सलाखें
अनगिनत छोटे-बड़े ख़ाने
हर इक ख़ाना नया चेहरा
हर इक चेहरा नई बोली
कबूतर
लोमड़ी
तितली
हिरन, पत्थर, किरण, नागिन

कभी कुछ रंग-सा झमके
कभी शोले-सा बल खाए
कभी जंगल, कभी बस्ती, कभी दर्या-सा लहराए
सिमटते, फैलते, फुँकारते, उड़ते हुए साए

न जाने कौन है वह
चलता-फिरता म्यूज़ियम जैसा
शबाहत[1] से तो कोई आदमी मालूम होता है।

1. चेहरे से

बेख़्वाब नींद

न जाने कौन वह बहुरूपिया है
जो हर शब
मेरी थकी हुई पलकों की सब्ज़ छाँव में
तरह-तरह के करिश्मे दिखाया करता है
लपकती सुर्ख़ लपट
झूमती हुई डाली
चमकते ताल के पानी में डूबता पत्थर
उभरते फैलते घेरों में तैरते ख़ंजर
उछलती गेंद रबड़ की, सधे हुए दो हाथ
सुलगते खेत की मिट्टी पे टूटती बरसात
अजीब ख्वाब हैं यह!

बिना वुजू[1] किए सोई नहीं कभी मैं तो !!
मैं सोचती हूँ किसी रोज़ अपनी भाभी के
चमकते पाँव की पाज़ेब तोड़ कर रख दूँ,
बड़ी शरीर है हर वक़्त शोर करती है
किसी तरह सही बेख्वाब नींद तो आए
घड़ी-घड़ी की मुसीबत से जान छूट जाए

1. नमाज़ के लिए हाथ-मुँह धोना

अपना घर

हमारे घर को जो भी देखता है रश्क करता है
तुम्हारे नाम से
अब भी मेरा चेहरा उभरता है
हर इक महफ़िल में हम दोनों बराबर साथ जाते हैं
हमारी कुर्बतों[1] के लोग अफ़साने बनाते हैं

मेरे कपड़े तुम्हारे हाथ से मौसम बदलते हैं
तुम्हारी चूड़ियों में अब भी मेरे रंग चलते हैं

वही मैं हूँ!
वही तुम हो!
मगर अब घर की दीवारें
हवा जब सनसनाती है
तो कुछ-कुछ हिलने लगती है
पलस्तर छुटने लगता है
दरारें खुलने लगती हैं
कभी तुमको भी बुनियादों में मिट्टी भरनी पड़ती है
कभी मुझको दरारों की मरम्मत करनी पड़ती है
हमारे घर को जो भी देखता है रश्क करता है

1. निकटता

नक़ाबे

नीली, पीली, हरी, गुलाबी
मैंने सब रंगीन नक़ाबें
अपनी जेबों में भर ली हैं
अब मेरा चेहरा नंगा है
बिल्कुल नंगा
अब!
मेरे साथी ही
मुझ पर
पग-पग
पत्थर फेंक रहे हैं
शायद वह
मेरे चेहरे में अपने चेहरे देख रहे हैं।

नया रोग

यह नया रोग है
आज के दौर का
इन नए रोग की कोई पहचान ऐसी नहीं
जिसकी तशख़ीस[1] हो
हर दवा बेअसर
सर नगूँ चारा-गर[2]

आज हर लहलहाते हुए खेत में
गेहूँ के साथ उगती हैं ख़ामोशियाँ
सर्द ख़ामोशियाँ
जो गले से उतरते घुन की तरह
चाट लेती हैं आवाज़ की बिजलियाँ

बन्द होंठों का यह खुशलिबास आदमी
देखता है
मगर बोल सकता नहीं
सोचता है
मगर चीख़ सकता नहीं।

1. पहचान 2. इलाज करने वाला

लापता

मैं यहाँ आया था
मेरे दोस्त सारे जानते हैं
क़हक़हे मेरे अभी तक
होटलों में
महफिलों में
मैकदों में
सूखे फूलों की तरह बिखरे पड़े हैं

मुद्दतों से मैं भटकता फिर रहा हूँ
किस से पूछूँ
मैं कहाँ हूँ?

जगमगाते शहर के सुनसान से रस्ते पे
शायद
आग उगलते संगदिल सूरज ने
मुझ को
क़त्ल करके
गेहूँ बोये खेत में दफ़ना दिया है
अब तुम्हारी याद भी शायद न मुझको न ढूँढ़ पाए।

मैं यहाँ आया था

जब से क़रीब

जब से क़रीब हो के चले ज़िन्दगी से हम
खुद अपने आईने को लगे अजनबी से हम

कुछ दूर चल के रास्ते सब एक से लगे
मिलने गए किसी से मिल आए किसी से हम

शाइस्ता[1] महफ़िलों की फ़ज़ाओं में ज़हर था
ज़िन्दा बचे हैं ज़हन की आवारगी से हम

अच्छे-बुरे के फ़र्क़ ने बस्ती उजाड़ दी
मज़बूर होके मिलने लगे हर किसी से हम

जंगल में दूर तक, कोई दुश्मन न कोई दोस्त
मानूस हो चले हैं मगर बम्बई से हम

1. सभ्य

लूट

शहर की गुंजान आबादी में
खुद ही
चलते-चलते रास्ते में खो गईं तुम
पास की फुटपाथ से चुप-चुप खड़ा देखा किया मैं
मोटरों के भागते पहियों के नीचे
टुकड़े-टुकड़े हो के
आकाशी धनुक बिखरी हुई थी

एक लड़की ने तुम्हारी मध भरी आँखें उठा लीं
दूसरी ने खूबसूरत पिंडलियाँ बढ़कर छिपा लीं
तीसरी ने सुर्ख गालों की सभी कलियाँ चुरा लीं
शहर की गुँजान आबादी में

खुद ही
चलते-चलते रास्ते में खो गईं तुम

संसार

फैलती धरती
खुला आकाश था
मैं...
चाँद, सूरज, कहकशाँ, कोहसार, बादल
लहलहाती वादियाँ, सुनसान जंगल
मैं ही मैं
फैला हुआ था हर दिशा में
जैसे-जैसे
आगे बढ़ता जा रहा हूँ
टूटता, मुड़ता, सिकुड़ता जा रहा हूँ
कल
ज़मीं से आस्माँ तक
मैं ही मैं था
आज
इक छोटा-सा कमरा बन गया हूँ।

सितम्बर, 1965 ई.

किसी क़साई ने
इक हड्डी छील कर फेंकी
गली के मोड़ से
दो कुत्ते भौंकते उट्ठे
किसी ने पाँव उठाए!
किसी ने दुम पटकी।
बहुत-से कुत्ते खड़े होके शोर करने लगे
न जाने क्यों मेरा जी चाहा
अपने सब कपड़े
उतार कर किसी चौराहे पर खड़ा हो जाऊँ
हर एक चीज़ पर झपटूँ
घड़ी-घड़ी चिल्लाऊँ
निढाल होके—जहाँ चाहूँ—
जिस्म फैला दूँ
हजारों साल की सच्चाइयों को झुठला दूँ

जंग

सरहदों पर फ़तह का ऐलान हो जाने के बाद
जंग!
बे-घर-बे सहारा
सर्द ख़ामोशी की आँधी में बिख़र के
ज़र्रा-ज़र्रा फैलती है
तेल
घी
आटा
खनकती चूड़ियों का रूप भर के
बस्ती-बस्ती डोलती है

दिन-दहाड़े
हर गली-कूचे में घुसकर
बन्द दरवाज़ों की साँकल खोलती है
मुद्दतों तक
जंग!
घर-घर बोलती है
सरहदों पर फ़तह का ऐलान हो जाने के बाद

पासपोर्ट आफ़िसर के नाम

किराची[1] एक माँ है
बम्बई बिछड़ा हुआ बेटा
यह रिश्ता प्यार का पाकीज़ा रिश्ता है जिसे—
अब तक
न कोई तोड़ पाया है
न कोई तोड़ सकता है
ग़लत है रेडियो, झूठी है सब अख़बार की ख़बरें

न मेरी माँ कभी तलवार ताने रन में आई है
न मैंने अपनी माँ के सामने बन्दूक उठाई है

यह कैसा शोरो-हंगामा है
यह कैसी लड़ाई है

1. जंग के दिनों मेरी माँ कराची में और मैं बम्बई में था।

कितने दिन बाद

कितने दिन बाद मिले हो
चलो इस शहर से दूर
किसी जंगल के किनारे
किसी झरने के क़रीब
टूटते पानी को पीकर देखें
भागते-दौड़ते लम्हों से चुरा कर कुछ वक़्त
सिर्फ़ अपने लिए जीकर देखें
कोई देखे न हमें
कोई न सुनने पाए
तुम जो भी चाहे कहो
मैं भी बिल ख़ौफ़ो-ख़तर
उन सभी लोगों की तनक़ीद[1] करूँ
जिन से मिल कर मुझे हर रोज़ खुशी होती है।

1. आलोचना

रुख़्सत होते वक़्त

रुख़्सत होते वक़्त
उसने कुछ नहीं कहा
लेकिन एयरपोर्ट पर
अटैची खोलते हुए
मैंने देखा
मेरे कपड़ों के नीचे
उसने
अपने दोनों बच्चों की तस्वीर छुपा दी है
तअज्जुब है
छोटी बहन होकर भी
उसने मुझे माँ की तरह दुआ दी है।

जब भी घर से बाहर जाओ

जब भी घर से बाहर जाओ
तो कोशिश करो...जल्दी लौट आओ
जो कई दिन घर से ग़ायब रह कर
वापस आता है
वह ज़िन्दगी भर पछताता है
घर...अपनी जगह छोड़कर चला जाता है।

कुछ तबीअत ही

कुछ तबीअत ही मिली थी ऐसी, चैन से जीने की सूरत न हुई
जिसको चाहा उसे अपना न सके, जो मिला उससे मुहब्बत न हुई

जिससे जब तक मिले दिल ही से मिले, दिल जो बदला तो फसाना बदला
रस्मे दुनिया को निभाने के लिए, हमसे रिश्तों की तिजारत न हुई

दूर से था वो कई चेहरों में, पास से कोई भी वैसा न लगा
बेवफाई भी उसी का था चलन, फिर किसी से ये शिकायत न हुई

छोड़ कर घर को कहीं जाने से, घर में रहने की इबादत थी बड़ी
झूठ मशहूर हुआ राजा का, सच की बाज़ार में शोहरत न हुई

वक़्त रूठा रहा बच्चे की तरह, राह में कोई खिलौना न मिला
दोस्ती की तो निभाई न गई, दुश्मनी में भी अदावत[1] न हुई

1. शत्रुता

आत्मकथा

किसी को टूट के चाहा, किसी से खिंच के रहे
दुखों की राहतें[1] झेलीं, खुशी के दर्द सहे
कभी बगूला से भटके
कभी नदी से बहे
कहीं अँधेरा, कहीं रोशनी, कहीं साया
तरह-तरह के फ़रेबों का जाल फैलाया
पहाड़ सख़्त था, वर्षों में रेत हो पाया

1. सुख

अब ख़ुशी है

अब ख़ुशी है न कोई दर्द रुलाने वाला
हमने अपना लिया हर रंग ज़माने वाला

हर बेचेहरा-सी उम्मीद है चेहरा-चेहरा
जिस तरफ देखिए आने को है आने वाला

उसको रुख़्सत तो किया था मुझे मालूम न था
सारा घर ले गया घर छोड़ के जाने वाला

दूर के चाँद को ढूँढ़ो न किसी आँचल में
ये उजाला नहीं आँगन में समाने वाला

इक मुसाफिर के सफ़र जैसी है सबकी दुनिया
कोई जल्दी में कोई देर में जाने वाला।

आदमी की तलाश

अभी मरा नहीं
ज़िन्दा है आदमी शायद
यहीं कहीं उसे ढूँढ़ो यहीं कहीं होगा
बदन की अँधी गुफा में छुपा हुआ होगा

बढ़ा के हाथ
हर इक रोशनी को गुल कर दो
हवाएँ तेज़ हैं झण्डे लपेट कर रख दो
जो हो सके तो इन आँखों पे पट्टियाँ कस दो
न कोई पाँव की आहट
न साँस की आवाज़
डरा हुआ है वह
कुछ और भी न डर जाए
बदन की अँधी गुफा से न कूच कर जाए
यहीं कहीं उसे ढूँढ़ो
वह आज सदियों बाद
उदास-उदास है,
ख़ामोश है अकेला है
न जाने कब कोई पसली फड़क उठे उसकी

यहीं कहीं उसे ढूँढ़ो यहीं कहीं होगा
बरेहना1 हो तो उसे फिर लबास पहना दो

सरहद पार का एक ख़त पढ़ कर

दवा की शीशी में
सूरज
सुलगती आग में चाँद
उखड़ती साँसों में रह-रह के एक नाम की गूँज
तुम्हारे ख़त को कई बार पढ़ चुका हूँ मैं

कोई फ़कीर खड़ा गिड़गिड़ा रहा था अभी
बिना उठे उसे दुतकार कर भगा भी चुका

गली में खेल रहा था पड़ोस का बच्चा
बुला के पास उसे मार कर रुला भी चुका

बस एक आखिरी सिगरेट बचा था पैकिट में
उसे भी फूँक चुका
घिस चुका
बुझा भी चुका
न जाने वक़्त है क्या दूर तक सन्नाटा
फ़क़त मुँडेर के पिंजरे में उँघता पंछी
कभी-कभी यूँ ही पंजे चलाने लगता है
फिर अपने आप ही
दाने उठाने लगता है
तुम्हारे ख़त को...

अँधेरी आँखों में सूरज की आग दहका दो
बहुत बड़ी है यह बस्ती कहीं भी दफ़ना दो
अभी मरा नहीं...
ज़िन्दा है आदमी शायद!

चौथा आदमी

बैठे-बैठे यूँ ही क़लम लेकर
मैंने काग़ज़ के एक कोने पर
अपनी माँ
अपने बाप...के दो नाम
एक घेरा बना के काट दिए
और
उस गोल दायरे के क़रीब
अपना छोटा नाम टाँक दिया
मेरे उठते ही मेरे बच्चे ने
पूरे काग़ज़ को लेके फाड़ दिया।

मुहब्बत

पहले वह रंग थी
फिर रूप बनी
रूप से जिस्म में तबदील हुई
और फिर जिस्म से बिस्तर बन कर
घर के कोने में लगी रहती है
जिसको...!
कमरे में घुटा सन्नाटा
वक़्त-बेवक़्फ उठा लेता है
खोल लेता है, बिछा लेता है।

वालिद की मौत

तुम्हारी कब्र पर
मैं फातिहा पढ़ने नहीं आया
मुझे मालूम था
तुम मर नहीं सकते
तुम्हारी मौत की सच्ची खबर जिसने उड़ाई थी
वो झूठा था
वो तुम कब थे
कोई सूखा हुआ पत्ता हवा से हिल के टूटा था
मेरी आँखें
तुम्हारे मंजरों में कैद हैं अब तक
मैं जो भी देखता हूँ
सोचता हूँ
वो...वही है
जो तुम्हारी नेकनामी और बदनामी की दुनिया थी
कहीं कुछ भी नहीं बदला
तुम्हारे हाथ मेरी उँगलियों में साँस लेते हैं
मैं लिखने के लिए जब भी क़लम कागज़
उठाता हूँ
तुम्हें बैठा हुआ मैं अपनी ही कुर्सी में पाता हूँ
बदन में मेरे जितना भी लहू है
वो तुम्हारी लग़जिशों
नाकामियों के साथ बहता है

मेरी आवाज़ में छिप कर
तुम्हारा ज़हन रहता है।
　　　　मेरी बीमारियों में तुम!
　　　　मेरी लाचारियों में तुम!
तुम्हारी कब्र पर जिसने तुम्हारा नाम लिक्खा है
वो झूठा है
तुम्हारी कब्र में मैं दफन हूँ
तुम मुझमें जिन्दा हो
कभी फुर्सत मिले तो फातिहा पढ़ने चले आना!
तुम्हारी कब्र पर मैं फातिहा पढ़ने नहीं आया।

नये घर की पहली नज़्म

चार दीवारों पे छत बाँध के
जब वो उतरा
जिस्म था उसका
पसीने से सराबोर
मगर—!
उसको आराम की मोहलत न मिली
घर की दीवारों ने
दीवारों की ज़ीनत के लिए
नीले आकाश में उड़ते हुए उसके सिर को
एक कमरे में
मुक़फ्फल[1] करके
उसके बेसिर के बदन के ऊपर साज़ो सामान की
फहरिस्त लगा दी ऐसे
कोई ढलवान पर
पहिए घुमा दे जैसे
देखते-देखते
टी.वी.
फ्रिज़
सोफा बन के
आदमी खो गया इज़्ज़त की तमाश बन के
हर घड़ी भागते रहना है

मुकद्दर उसका
घर की दीवारों ने ही
छीन लिया घर उसका।

1. ताला लगाना

हैरत है

घास पर खेलता है इक बच्चा
पास माँ बैठी मुस्कुराती है
मुझ को हैरत है जाने क्यों दुनिया
काब-ओ सोमनाथ जाती है।

तन्हा तन्हा

तन्हा तन्हा दुख झेलेंगे महफिल महफिल गाएँगे
जब तक आँसू पास रहेंगे तब तक गीत सुनाएँगे।

आज उन्हें हँसते देखा तो कितनी बातें याद आईं
कुछ दिन हमने भी सोचा था उनको भूल न पाएँगे।

तुम जो सोचो वह तुम जानो, हम तो अपनी कहते हैं
देर न करना घर जाने में वर्ना घर खो जाएँगे...!

बच्चों के छोटे हाथों को चाँद सितारे छूने दो...
चार किताबें पढ़ कर ये भी हम जैसे हो जाएँगे।

अच्छी सूरत वाले सारे पत्थर दिल हों मुमकिन है
हम तो उस दिन राय देंगे, जिस दिन धोका खाएँगे।

किन राहों से दूर है मंज़िल कौन-सा रस्ता मश्किल है
हम भी जब थक कर बैठेंगे औरों को समझाएँगे।

खुदा ख़ामोश है

बहुत से काम हैं
लिपटी हुई धरती को फैला दें
दरख़्तों को उगाएँ, डालियों पर फूल महका दें
पहाड़ों को क़रीने से लगाएँ
चाँद लटकाएँ
ख़लाओं के सरो पे नीलगूँ[1] आकाश फैलाएँ
सितारों को करें रौशन
हवाओं को गति दे दें
फुदकते पत्थरों को पंख देकर नग़्मगी दे दें
लबों को मुस्कुराहट
अँखड़ियों को रोशनी दे दें
सड़क पे डोलती परछाइयों को ज़िन्दगी दे दें
खुदा ख़ामोश है, तुम आओ तो तख़लीक़[2] हो दुनिया
मैं इतने सारे कामों को अकेले कर नहीं सकता

1. नीला 2. रचना

इन्तिज़ार

मुद्दतें बीत गईं
तुम नहीं आईं अब तक
रोज़
सूरज के बयाबाँ में
भटकती है हयात
चाँद के ग़ार में
थक हार के
सो जाती है रात

फूल कुछ देर महकता है
बिखर जाता है
हर नशा
लहर बनाते ही उतर जाता है
वक़्त
बेचेहरा हवाओं-सा गुज़र जाता है

किसी आवाज़ के सब्ज़े में
लहक जैसी तुम
किसी खामोश तबस्सुम में
चमक जैसी तुम

किसी चेहरे में
महकती हुई आँखों जैसी
कहीं अब्रू[1]
कहीं गेसू

कहीं बाँहों जैसी

चाँद से फूल तलक
यूँ तो तुम्हीं तुम हो मगर
तुम
कोई चेहरा
कोई जिस्म
कोई नाम नहीं
तुम—
जहाँ भी अधूरी हो
हकीकत की तरह
तुम कोई ख्वाब नहीं हो
जो मुकम्मल[2] होगी।

1. भवें 2. सम्पूर्ण

लफ़्ज़ों का पुल

मस्जिद का गुम्बद सूना है
मन्दिर की घण्टी ख़ामोश
जुज़दानों[1] में लिपटे सारे आदर्शों को
दीमक कब की चाट चुकी है
रंग गुलाबी
नीले
पीले
कहीं नहीं हैं
तुम उस जानिब[2]
मैं इस जानिब
बीच में मीलों गहरा ग़ार
लफ़्जों का पुल टूट चुका है
तुम भी तन्हा
मैं भी तन्हा।

1. कपड़े का गिलाफ जिसमें कुरान रखा जाता है 2. ओर

आँख और ख्वाब के दर्मियाँ

सुनो तुम
ये मेरा तुम्हारा जो रिश्ता है
इक रास्ता है
मैं—!
तुमसे गुज़र कर ही तुम तक पहुँचने की रफ़्तार हूँ
मेरा आगाज़ तुम / मेरा अंजाम तुम
तुम्हें देख कर मैं
तुम्हें सोचता हूँ
तुम्हें पाके ही मैं
तुम्हें खोजता हूँ
　　　　तुम अपने बदन के समुन्दर में
　　　　सदियों से पोशीदा इक ख्वाब हो
　　　　और मैं
खून की तेज़ गर्दिश में बनती हुई आँख हूँ
आँख और ख्वाब के दर्मियाँ
रोशनी, तितलियाँ
नींद, बेदरियाँ[1]
जिस्म से जिस्म तक
हर मिलन इक सफ़र / हर सफ़र
ख्वाब की आरजू
जिस्म की जुस्तजू।

1. जगारें

मैं आज लड़ लिया!

मैं आज
लड़ लिया उससे बड़ा मज़ा आया

कई दिनों से खिलौना बना हुआ था मैं
जहाँ भी बैठना, हँस देना मुस्कुरा देना
जो कोई बात करे, हाँ में हाँ मिला देना

सड़क पे चलते हुए बार-बार रुक जाना
मिज़ाज पूछना, दो-चार लफ्ज़ दुहराना

वही इलाक़े, वही बिल्डिंगें, वही राहें
न आँख आँखों के अन्दर, न टाँग टाँगों में
न दिल ही दिल की जगह पर, न होंठ होंठों में

न जाने कब से हूँ इस शहर में मुकीम[1] मगर
न कोई चीख़ा, न रोया, न कोई शरमाया
मैं आज लड़ लिया उससे बड़ा मज़ा आया

1. निवास

कभी-कभी

कभी-कभी यूँ भी हमने अपने जी को बहलाया है
जिन बातों को खुद नहीं समझे औरों को समझाया है

मीरो गालिब के शेरों ने किसका साथ निभाया है
सस्ते गीतों को लिख-लिख के हमने घर बनवाया है

हमसे पूछो इज्ज़त वालों की इज्ज़त का हाल कभी
हमने भी इक शहर में रहकर थोड़ा नाम कमाया है

उसको भूले मुद्दत गुज़री लेकिन आज न जाने क्यों
आँगन में हँसते बच्चों को बेकारन धमकाया है

उस बस्ती से छूटकर यूँ तो हर चेहरे को याद किया
जिससे थोड़ी-सी अनबन थी वो अक्सर याद आया है

कोई मिला तो हाथ मिलाया कहीं गए तो बातें कीं
घर से बाहर जब भी निकले दिन भर बोझ उठाया है

मुमकिन है

मुमकिन है सफर हो आसाँ अब साथ भी चल कर देखें
कुछ तुम भी बदल कर देखो, कुछ हम भी बदल कर देखें

आँखों में कोई चेहरा हो, हर गाम पे इक पहरा हो!
जंगल से चलें बस्ती में दुनिया को सँभल कर देखें

सूरज की तपिश[1] भी देखी, शोलों की कशिश[2] भी देखी
अबके जो घटाएँ छाएँ, बरसात में जलकर देखें

दो-चार क़दम हर रस्ता पहले की तरह लगता है
शायद कोई मंज़र बदले कुछ दूर तो चल कर देखें

अय वक़्त बचा है कितना, जो और लड़ें दुनिया से
दुनिया की नसीहत पर भी थोड़ा-सा अमल कर देखें।

1. गरिमा 2. आकर्षण

गीत

बादल मेरे गाँव भी आओ

बादल मेरे गाँव भी आओ
पगड़ी टाँगो
पीपल नीचे
ऊँट बिठाओ
मस्जिद पीछे
सूख रहे हैं ताल-तालाब
फिर इनको भर जाओ
बादल मेरे...

चौपालों को कथा सुनाओ
पिंजरे के तोते से बोलो
लाला डण्डी मार रहा है
दाल नमक अच्छे से तोलो
खोल के अपनी महँगी गठरी
सस्ती हाट लगाओ
बादल मेरे...

नीम की मीठी करो निबोली
सुलगाओ ठंडे चूल्हों को
मैदानों से धूप उठाकर
पीगें भरने दो झूलों को
चुपचुप हैं बीजों में अंकुर

आल्हा ऊदल गाओ
बादल मेरे...
पगडंडी पर घास बिछाओ
दूध उतारो गाय के थन में
फाड़ के मुखिया के खाते को
चैन लिखो घर के आँगन में
प्यासी है नदिया बेचारी
बरखा जल बरसाओ
बादल मेरे...

जिस पर तेरा नाम नहीं

तेरे पैरों चला नहीं जो
धूप-छाँव में ढला नहीं जो
वह तेरा सच कैसे?
            जिस पर तेरा नाम नहीं

तुझसे पहले बीत गया जो
वह इतिहास है तेरा
तुझको ही पूरा करना है
जो वनवास है तेरा
तेरी साँसें जिया नहीं जो
घर-आँगन का दीया नहीं जो
वो तुलसी की रामायण है
            तेरा राम नहीं

तेरा ही तन पूजा घर है
कोई मूरत गढ़ ले
कोई पुस्तक साथ न देगी
चाहे जितना पढ़ ले
जो सुर में सज़ा नहीं जो
इकतारे पर बजा नहीं जो
वो मीरा की सम्पत्ति है
            तेरा श्याम नहीं।

बहुत अँधेरा है

कई दिनों से चाँद उगा
न सूरज निकला
जब से वह परदेश गए हैं
बहुत अँधेरा है

रात-रात भर पानी बरसे
धूल उड़े दिन-दिन भर
लोहारन लोहे को पीटे
लगे हथौड़ा मन पर
बढ़ई बेचारा लकड़ी चीरे
मैं देखूँ उठ-उठ कर
नई सुराही में भी पानी
नदिया जैसा है

जब से वह परदेस गए...
अभी-अभी टूटेगा प्याला
फिर खुद जुड़ जाएगा
मुड़कर देखा तो...
खिड़की का सरिया मुड़ जाएगा
कभी लगे

पिंजरे में बैठा पंछी उड़ जाएगा
कैसे-कैसे नए विचारों ने
आ घेरा है
जब से वह परदेस गए हैं
बहुत अँधेरा है।

खूब समय का खेल

खूब समय का खेल रे बाबा
            खूब समय का खेल

मैं तेरा बैरी, तू मेरा बैरी
बैर न कोई बीच
तेरा दुख भी शेर का पंजा
मेरा दुख भी रीछ
सारे जंगल एक से जंगल
मछली, लोहा, तेल रे बाबा
            खूब समय का खेल

चमकीले कपड़ों के परदे
रंग-बिरंगे नारे
बादल, चाँद, घटाएँ, सूरज
खेल-तमाशे सारे
तू भी बन्दी
मैं भी बन्दी
चारों जानिब[1] जेल रे बाबा
            खूब समय का खेल।

1. ओर

थोड़ी-सी कमी

हर कविता मुकम्मल होती है
लेकिन वो कलम से
काग़ज़ पर जब आती है
थोड़ी-सी कमी रह जाती है

हर प्रीत मुकम्मल होती है
लेकिन वो गगन से
धरती पर जब आती है
थोड़ी-सी कमी रह जाती है

हर जीत मुकम्मल होती है
सरहद से वो लेकिन
आँगन में जब आती है
थोड़ी-सी कमी रह जाती है

फिर कविता नई
फिर प्रीत नई
फिर जीत नई...बहलाती है
हर बार मगर लगता है यूँही
थोड़ी-सी कमी रह जाती है

जीते जाओ सोचो मत

कठपुतली है या जीवन है
जीते जाओ सोचो मत
सोच से ही सारी उलझन है
जीते जाओ सोचो मत
लिखा हुआ किरदार कहानी
में ही चलता फिरता है
कभी है दूरी कभी मिलन है
जीते जाओ सोचो मत
नाच सको तो नाचो जब थक जाओ
तो आ आराम करो
टेढ़ा क्यों घर का आँगन है
जीते जाओ सोचो मत
हर मज़हब का एक ही कहना
जैसा मालिक रक्खे रहना
जब तक साँसों का बन्धन है
जीते जाओ सोचो मत
घूम रहे हैं बाज़ारों में
सरमाए के आतिश दान
किस भट्टी में कौन ईंधन है
जीते जाओ सोचो मत

हवा हुई सैलानी

पहली बूँद पड़ी पानी की
हवा हुई सैलानी

हवा हुई सैलानी, जागी सोई हुई नादानी
हरे गुलाबी साये छाए
धूप चली मैदानों से
निकल पड़ी हिरणों की डारें
छूटे तीर कमानों से
घर-घर शोर के मन मानी
हवा हुई सैलानी

धुले-धुलाए बच्चों से दिन
होली खेलें राहों में
चुने दुपट्टे से अँधियारे
छम-छम खनके बाँहों में
सौ-सौ स्वाँग रचाए पानी
हवा हुई सैलानी

धानी पगड़ी वाला मौसम
धरती सींचे बादल से
बीड़ी पीकर खाँसे सूरज
चन्दा झाँके आँचल से
सूद बढ़ाए बरखा रानी
हवा हुई सैलानी
हवा हुई सैलानी, जागी सोई हुई नादानी।

बदलता पल-पल मंज़र रे

भाग रही हैं काली रातें
दौड़ रहे हैं दिन
बदलता पल-पल मंज़र रे

बूढ़े बरगद को घुन चाटे
हर लोहा मुड़ जाए
पक्की ईंटों का दोमहला
तिनकों-सा उड़ जाए
थाल कटोरे, सोना चाँदी
चाहे जितना गिन
सभी कुछ कंकर-पत्थर रे

जो पल जाए लौट न पाए
दीया जले बुझ जाए
फिर भी आँखें सपने देखें
दरपन माँग सजाए
पत्ता-पत्ता झड़े बुढ़ापा
फूल चुने कमसिन
मगर हर तौल बराबर रे।

बीत गई रात

बीत गई रात
बीत गई रात, घुली नदिया के पानी में पहली किरन
इमली से तोते ने फेंके कतारें
आँगन से दौड़ पड़े, साँझ सकारे
पीतल की टोंटी से
गिरते सितारे

बीत गई रात
बीत गई रात, बँधे काजल के डोरे से चंचल हिरण
कुरसी के हत्थे पर चाय की प्याली
खाँसी की खर-खर में अधनंगी गाली
छूट गई हाथों से
पूजा की थाली

बीत गई रात
बीत गई रात, घनी पलकों के छाँव में छलके नयन
घुली नदिया के पानी में पहली किरन।

रात खोटी हो गई है

खनकता है रूपहला दिन तो सारा
कहीं से रात खोटी हो गई है

वह अब भी हँसती रहती है मुसल्सल[1]
छमा-छम भागती है, टूटती है
कभी नाराज़ हो जाए तो अब भी
वह फौरन फुलझड़ी-सी छूटती है
वह बातें अब भी करती है बराबर
मगर आवाज़ मोटी हो गई है

तकल्लुफ़[1] से परे है अब भी लहजा
निगाहों में वही बेबाकियाँ हैं
वही है नाप उसकी चूड़ियों का
इशारों में वही गोलाइयाँ हैं
ख़यालों में है अब भी भोलापन-सा
मगर हर बात छोटी हो गई है

1. लगातार

सुराही अब भी गिर जाती है उससे
वह अब भी कच्चे टाँके टाँकती है
गली से कोई भी आवाज़ आए
वह घर में सबसे पहले झाँकती है
मसाला अब भी मोंआ पीसती है
मगर कुछ गोल रोटी हो गई है

खनकता है रूपहला दिन तो सारा
कहीं से रात खोटी हो गई है।

चले अगर एक कारवाँ है

नहीं यह भूखा नहीं है!
इस पर तरस न खाओ!
फकीर इसको न समझो
ये कोई पेशावर है
ये एक्टर है
जो सूटे अफ्लास का तमाशा दिखा रहा है
रटे हुए दूसरों के जुमले
सुना रहा है
बदन में जब भूख जागती है
हरेक सरहद–
हरेक सीमा फलाँगती है!
यह हाथ फैलाने गिड़गिड़ाती नहीं है!!!
हक़ अपना माँगती है
यह बर्फ की सिल नहीं है
आँधी है
चीख़ है
धुवाँ है
यह हर जमीं है
यह हर जुबाँ है
थमे अगर तो भिखारी है यह
चले अगर एक क़ारवाँ है

मदर टेरिसा के लिए

हर धूप में छाँव सी
हर सर पे दुआओं सी
रोती हुई आंखों की
भाषा को जो पढ़ती थी
इन्सान की ख़ातिर जो
भगवान से लड़ती थी
वो प्यासी ज़मीनों पर
उतरी थी घटाओं सी...
बीमारों के बिस्तर पर
सोता था खुदा उसका
लाचारों के चेहरों से
रोता था खुदा उसका
रौशन थी अंधेरों में
जो माँ की सदाओं सी...
वो प्यास के मन्दिर में
बरसात की मूरत थी
वो भूख की मस्जिद में
रोटी की इबादत थी
वो दर्द के गिरजा में
इन्सान की खिदमत थी
नफरत की जफ़ाओं में
रहमत की वफाओं में...

बरस गया पानी

धूप भरी छत पे बरस
गया पानी

आँगन में आके
अँगीठी बुझा के
नागिन-सा लहरा के—डस गया पानी
झूलों में लहराएँ सतरंगे सावन
जागे पड़ौसी, जगाए पड़ौसन
छम छम छमा छम, छनाछन छनाछन
बीना के तारों-सा
कस गया पानी...
धूप भरी छत पे बरस गया पानी

खिड़की अँधेरों में खिड़की को खींचे
मौसम न देखे कभी आगे-पीछे
लेकिन गली अपनी आँखें न मींचे
थाना कचहरी में
फँस गया पानी
धूप भरी छत पे बरस गया पानी

छप्पर की कुटिया न कुंजी न ताले
जब चाहे बरसात नींदें चुरा ले
रोटी को बेले या घर को सँभाले

जलते तवे पर
झुलस गया पानी
धूप भरी छत पे बरस गया पानी।

नहा गई डालें खजूरों की

नहा गई डालें खजूरों की
भीग गए पत्थर पहाड़ों के
बालों को बिखराएँ, कपड़े बिगाड़ें
मिट्टी में दबे धँसे पत्थर उखाड़ें
जी चाहा
दौड़ पड़ें
चीख़ें दहाड़ें
सँवर गए छज्जे झरोकों में
मौसम गंडेरी सिंघाड़ों के
नहा गई डालें...

चाँदी की लड़ियों-सी बगुलों की डारें
हाथों में में तीर कसे उड़ती फुवारें
किस से लड़ाई करें
किस को पुकारें
भरे-भरे मटमैले बादल के दल
जैसे गठीले अखाड़ों के
नहा गई डालें...

जीवन शोर भरा सन्नाटा

जीवन शोर भरा सन्नाटा
ज़ंजीरों की लम्बाई तक सारा सैर सपाटा
जीवन...

हर मुट्ठी में उलझा रेशम
डोरे भीतर डोरा
बाहर सौ गाठों के ताले
अन्दर कागज़ कोरा
कागज़, शीशा, परचम, तारा
हर सौदे में घाटा
जीवन शोर भरा सन्नाटा

चारों ओर चटाने हायल
बीच में काली रात

रात के मुँह में सूरज
सूरज में कैदी सब हाथ
नंगे पैर अक़ीदे[1] सारे पग-पग लागे काँटा
जीवन...

1. विश्वास

साज़ उठा के देख

चाँद उगा के देख ओ माँझी
रात जगा के देख
सरगम-सरगम गीत छुपे हैं
साज़ उठा के देख

यह जीवन है भय्या
भँवर बीच नय्या
चला चल जैसे
चले पुरवय्या
तिनका-तिनका जोड़ के अपना घर बाँधे गौरय्या
लहर-लहर लहराए किनारा
नाव बढ़ा के देख
चाँद उगा के देख ओ माँझी
साज़ उठा के देख

नशा कोई गहरा
सुन्हेरा सुन्हेरा
कहीं कोई मूरत
कहीं कोई चेहरा
कहाँ रखेगा दुनिया सारी
छोटा कर ले घेरा
छोटे-छोटे घेरों में संसार सजा के देख
चाँद उगा के देख

रस्ते में नोकीली घाम

झुके हुए कन्धों पे साँसों की गठरी
रस्ते में नोकीली घाम

चाय के प्यालों में माथे की शिकनें
सिमटी हुई कुर्सियाँ
सरहद, सिपाही, गेहूँ, कबूतर
अख़बार की सुर्खियाँ
सिगरेट की डिबिया में बन्दी सवेरा
लोकल के डिब्बों में शाम

लड़ता-झगड़ता कोई किसी से
बेबात कोई हँसे
सागर किनारे लहरों पर कोई
कंकर के हमला करे
लम्बी-सी रस्सी पे कपड़े ही कपड़े
कपड़ों के कोनों में नाम

झुके हुए कन्धों पे साँसों की गठरी
रस्ते में नोकीली घाम।

यह दर्द पुराना है

मेरे तेरे नाम नए हैं दर्द पुराना है
यह दर्द पुराना है

आँसू हर युग का अपराधी
अर आँगन का चोर
कोई न थामे दामन इसका
घूमे चारों ओर
गुम-सुम हैं संसार-कचहरी चुप-चुप थाना है
यह दर्द पुराना है

जो जी चाहे वह हो जाए
कब ऐसा होता है
हर जीवन जीवन जीने का
समझौता होता है
जैसे-तैसे दिन करना रात बिताना है
यह दर्द पुराना है।

भोर भई

भोर भई
बस्ती के अन्दर घुस आया वीरान

धरती पे रेखाएँ फैलीं
खड़ी हुई दीवारें
सरहद-सरहद जगे सिपाही
चमक उठीं दीवारें

कोई लड़े बीवी-बच्चों से
कोई लिखे अफ़साना

छज्जे, आँगन, गोक, दरीचे
टुकड़े-टुकड़े धूप
दो पैरों पर चलते बन्दर
इन्सानों से रूप

चुप-चुप देखे खेल सयाना
शोर करे दीवाना

भोर भई...।

जब वह आते हैं

सुन रे पीपल, तेरे पत्ते शोर मचाते हैं
जब वह आते हैं
पहला-पहला प्यार हमारा हम डर जाते हैं

तेरी बाँहों में झूमी पुरवाई
मैं कब बोली
जब तब बरखा आई तूने खेली
आँख-मिचौली
ऐसी वैसी बातों को कब मुख पर लाते हैं
सुन रे पीपल, तेरे पत्ते शोर मचाते हैं
जब वह आते हैं

निर्धन के घर में पैदा होना है
जीवन खोना
सूनी माँग सजाने वाले माँगें
चाँदी सोना
हम साए[1] ही हम सायों के राज़ छिपाते हैं
सुन रे पीपल, तेरे पत्ते शोर मचाते हैं
जब वह आते हैं

1. पड़ौसी

तुझ बिन हमको

तुझ बिन मुझको
कैसे-कैसे छेड़े काली रात

कुटिया पीछे चूड़ी खनकी
दो आवाज़ें साथ
जामुन पर
छम से आ बैठी
कोई पुरानी बात

सून आँगन 'कौन बताओ'
रेशम रेशम हाथ

नील गगन
बादल के टुकड़े
क्या-क्या रूप बनाएँ
उड़ता आँचल
खुलता जूड़ा
लोरी गाती बाँहें
जलता चूल्हा, भरी कढ़ाई
कनी सजी बरसात।

नई भाषा

(अपनी बेटी तहरीर के लिए)

वो आई
और उसने मुस्कुराके
मेरी बढ़ती उम्र के
सारे पुराने, जाने-पहचाने बरस
पहले हवाओं में उड़ाए
और फिर
मेरी ज़बाँ के सारे लफ़्ज़ों को
ग़ज़ल को
गीत को
दोहों को
नज़्मों को
खुली खिड़की के बाहर फेंक कर
यूँ खिलखिलाई
क़लम ने मेज़ पर लेटे ही लेटे
आँख मिचकाई
म्याऊँ करके कूदी
बंद शीशी में पड़ी स्याही
उठा के हाथ दोनों चाय के कप ने ली
अंगड़ाई
छलाँगे मार के हंसने लगी
बरसों की तन्हाई
अचानक मेरे होठों पर

इशारों और बेमानी सदाओं की
वही भाषा उभर आई
जिसे लिखता है सूरज
जिसे पढ़ता है दर्या
जिसे सुनता है सब्ज़ा
जिसे सदियों से बादल बोलता है
और हर धरती समझती है

जो लापता है

यहीं कहीं
वो चराग़ भी है
खुली हवाओं में जो
सितारे-सा डोलता है
यहीं कहीं
वो दरख़्त भी है
जो आयतों की ज़बाँ में
मौसम से बोलता है
यहीं कहीं
वो खयाल भी है
जो वक्त की दूरियों की
गाठों को खोलता है
पता नहीं वो कहाँ है?
लेकिन मुझे यकीं है
जो मुद्दतों से हैं लापता
वो यही कहीं है
वो सब किताबें
सुराग़ जिन के थे
इन में रौशन
जमीन से आसमाँ पे वापस चली गई हैं
जहाँ से उतरी थीं
अब वहीं पर

वो चाँद सूरज बनी हुई हैं
जमीं पे लेकिन
अभी हैं बच्चे
जमीं पे लेकिन
अभी हैं माँएँ
जमीं पे लेकिन
अभी हैं आँसू
सुना है इनकी इबारतों में
वो हर्फ शामिल हैं
जिन के अंदर
जो लापता है...वो झांकता है

हूँ भी नहीं भी हूँ

मैं अपने इख्तियार में हूँ भी नहीं भी हूँ
दुनिया के कारोबार में, हूँ भी नहीं भी हूँ

तेरी तलाश में ही लगा है कभी कभी
मैं तेरे इन्तिज़ार में हूँ भी नही भी हूँ

फेहरिस्त मरने वालों की क़ातिल के पास है
मैं अपने ही मज़ार में हूँ भी नहीं भी हूँ

औरों के साथ ऐसा कोई मस्-अला नहीं
इक मैं ही इस दयार में हूँ भी नहीं भी हूँ

मेरे ही नाम से कोई 'हाँ' है कोई 'नहीं'
फिर भी किसी शुमार में हूँ भी नहीं भी हूँ

मुट्ठी-भर लोगों के हाथों में लाखों की तकदीरें हैं

मुट्ठी-भर लोगों के हाथों में लाखों की तक़दीरें हैं
अलग अलग हैं धरम इलाक़े एक सी सब की जंजीरें हैं

आज और कल की बात नहीं है, सदियों का इतिहास यही है
हर आँगन में ख़्वाब है लेकिन, चंद घरों में ताबीरें हैं

जब भी कोई तख़्त सजा है, मेरा तेरा ख़ून बहा है
दरबारों की शानो शौकत, मैदानों की शमशीरें हैं

हर जंगल की एक कहानी, वो ही भेंट, वही क़ुर्बानी
गूँगी बहरी सारी भेड़ें चरवाहों की जागीरें हैं

कोई नहीं है आनेवाला

कोई नहीं है आनेवाला
फिर भी कोई आने को है
आते जाते रात और दिन में
कुछ तो जी बहलाने को है

चलो यहां से अपनी अपनी
शाखों पर लौट आए परिन्दे
भूली बिसरी यादों को फिर
खामोशी दोहराने को है

दो दरवाज़े एक हवेली
आमद, रुख़सत एक पहेली
कोई जाकर आने को है
कोई आकर जाने को है

दिन भर का हंगामा सारा
शाम ढले फिर बिस्तर प्यारा
मेरा रस्ता हो या तेरा
हर रस्ता घर जाने को है

आबादी का शोर शराबा
छोड़ के ढूँढो कोई ख़राबा
तन्हाई फिर शम्मा जला कर
कोई लफ्ज़ा सुनाने को है

बहुत मैला है ये सूरज
(तहरीर के जन्म दिन पर)

बहुत मैला है ये सूरज
किसी दर्या के पानी में
उसे धोकर सजाएं फिर

गगन में चाँद भी
कुछ धुँधला धुँधला है
मिटा के इस के सारे दाग़ धब्बे
जगमगाएँ फिर

हवाएं सो रही हैं पर्वतों पर
पाँव फैलाए
जगा के इनको नीचे लाएँ
पेड़ों में बसाएँ फिर

धमाके कच्ची नींदों में
उड़ा देते हैं बच्चों को
धमाके खत्म करके
लोरियों को गुनगुनाएँ फिर

वो जबसे आई है
यूं लग रहा है

अपनी ये दुनिया
जो सदियों की अमानत है
जो हम सब की विरासत है
पुरानी हो चुकी है
इसमें अब
थोड़ी मरम्मत की जरूरत है

दोहे

नदिया ऊपर पुल बना, जुड़ा नगर से गाँव।
चिड़या गूँगी हो गई अन्धी हो गई छाँव ॥

हाथ कटे दस बीस के, मलमल हुई महीन।
सौ चर्खों की रूई को, काते एक मशीन॥

तोता, मैना, जल परी, लाख मचाएँ शोर।
जिसके पर पैसों भरे, नाम उसी का मोर ॥

ये भी, वो भी, और भी, एक से सबके रोग।
भाग रही हैं वस्तुएँ, दौड़ रहे हैं लोग॥

ताला, चाबी, चटखनी, दरवाज़ा, दीवार।
इक दूजे के खौफ से, बना है ये संसार॥

या अल्लाह

काला अम्बर पीली धरती या अल्लाह
हाहा, हू हू, ही ही ही ही या अल्लाह

कारगिल और कश्मीर ही तेरे नाम हो क्यों
भाई-बहन, महबूबा बेटी—या अल्लाह

पीर पयम्बर को अब और न ज़हमत दे
चूल्हा, चक्की, रोटी, सब्जी या अल्लाह

घी शक्कर भी भेज कभी अखबारों में
कई दिनों से चाय है कड़वी या अल्लाह

तू ही चाँद, सितारा, बादल, हरयाली
और कभी तू नागा साकी या अल्लाह

ग़ज़ल

ख़फ़ा-ख़फ़ा-सा है

किसी से खुश है किसी से ख़फ़ा-ख़फ़ा-सा है
वह शहर में अभी शायद नया-नया-सा है

न जाने कितने बदन वह पहन के लेटा है
बहुत क़रीब है फिर भी छुपा-छुपा-सा है

सुलगता शहर, नदी, ख़ूँ ये कब की बातें हैं
कहीं-कहीं से यह क़िस्सा सुना-सुना-सा है

सरों के सींग तो जंगल की देन होते हैं
वह आदमी तो है लेकिन डरा-डरा-सा है

कुछ और धूप, हवा, ओस सूख जाने तक
वह पेड़ अब के बरस भी हरा-हरा-सा है

आदमी

हर तरफ हर जगह बेशुमार आदमी
फिर भी तन्हाइयों का शिकार आदमी

सुब्ह से शाम तक बोझ ढोता हुआ
अपनी ही लाश का खुद मज़ार आदमी

हर तरफ भागते-दौड़ते रास्ते...!
हर तरफ आदमी का शिकार आदमी

रोज़ जीता हुआ रोज़ मरता हुआ
हर नए दिन नया इन्तिज़ार आदमी

ज़िन्दगी का मुक़द्दर सफ़र-दर-सफ़र
आख़िरी साँस तक बेक़रार आदमी।

रात के बाद नए दिन की सहर आएगी

रात के बाद नए दिन की सहर आएगी
दिन नहीं बदलेगा तारीख़ बदल जाएगी

हँसते-हँसते कभी थक जाओ तो छुप के रो लो
यह हँसी भीग के कुछ और चमक जाएगी

जगमगाती हुई सड़कों पर अकेले न फिरो
शाम आएगी किसी मोड़ पे डस जाएगी

और कुछ देर यूँ ही जंग, सियासत मज़हब
और थक जाओ अभी नींद कहाँ आएगी

मेरी गुरबत[1] को शराफ़त का अभी नाम न ले
वक़्त बदला तो तेरी राय बदल जाएगी

वक़्त नदियों को उछाले कि उड़ाए पर्वत
उम्र का काम गुज़रना है गुज़र जाएगी।

1. गरीबी

ख़त है कि बदलती रुत या गीतों भरा सावन

ख़त है कि बदलती रुत या गीतों भरा सावन
इठलाती हुई गलियाँ, शरमाते हुए आँगन

शीशे-सा धुला चौका, मोती से चुने बरतन
खिलता हुआ इक चेहरा, हँसते हुए सौ दरपन

सिमटी हुई चौखट पर कुछ धूप गिलहरी सी
नींबू की क्यारी में चाँदी के कई कंगन।

बच्चों-सी हुमकती शब, गेंदों से उछलते दिन
चेहरों से धुली खुशियाँ, बालों-सी खुली उलझन

हर पेड़ कोई क़िस्सा, हर घर कोई अफ़साना
हर रास्ता पहचाना, हर चेहरे पर अपनापन।

अपना ग़म ले के कहीं और न जाया जाए

अपना ग़म ले के कहीं और न जाया जाए
घर में बिखरी हुई चीज़ों को सजाया जाए

जिन चिरागों को हवाओं का कोई खौफ नहीं
उन चिरागों को हवाओं से बचाया जाए

बाग़ में जाने के आदाब हुआ करते हैं
किसी तितली को न फूलों से उड़ाया जाए

खुदकशी करने की हिम्मत नहीं होती सबमें
और कुछ दिन अभी औरों को सताया जाए

घर से मस्जिद है बहुत दूर चलो यूँ कर लें
किसी रोते हुए बच्चे को हँसाया जाए।

दुख में नीर बहा देते थे, सुख में हँसने लगते थे

दुख में नीर बहा देते थे, सुख में हँसने लगते थे
सीधे-सादे लोग थे लेकिन कितने अच्छे लगते थे

नफ़रत चढ़ती आँधी जैसी, प्यार उबलते चश्मों-सा
बैरी हों या संगी-साथी सारे अपने लगते थे

बहते पानी दुख-सुख, बाँटे पेड़ बड़े बूढ़ों जैसे
बच्चों की आहट सुनते ही खेत लहकने लगते थे

नदियाँ, पर्वत, चाँद, निगाहें, माला एक कई दाने
छोटे-छोटे से आँगन भी कोसों फैले लगते थे।

कुछ भी बचा न कहने को हर बात हो गई

कुछ भी बचा न कहने को हर बात हो गई
आओ कहीं शराब पिएँ रात हो गई

फिर यूँ हुआ कि वक़्त का पासा पलट गया
उम्मीद जीत की थी मगर मात हो गई

सूरज को चोंच में लिए मुर्ग़ा खड़ा रहा
खिड़की के पर्दे खींच दिए रात हो गई

वह आदमी था कितना भला, कितना पुरखुलूस
उससे भी आज लीजे मुलाक़ात हो गई

रस्ते में वह मिला था मैं बच कर गुज़र गया
उस की फटी क़मीज़ मेरे साथ हो गई

नक़्शा उठा के कोई नया शहर ढूँढ़िए
इस शहर में तो सबसे मुलाक़ात हो गई।

1. सज्जन

मैं एक गहरी खामोशी हूँ आ झंझोड़ मुझे

मैं एक गहरी खमोशी हूँ आ झंझोड़ मुझे
मेरे हिसार[1] में पत्थर-सा गिर के तोड़ मुझे

बिखर सके तो बिखर जा मेरी तरह तू भी
मैं तुझको जितना समेटूँ तू उतना जोड़ मुझे

यहाँ तो तेरी शबाहत[2] का अक्स है हर सू
जहाँ से साफ़ हो मंज़र वहाँ से छोड़ मुझे

मैं एक सर फिरा बादल मेरा सफ़र पानी
उछाल कर कोई मौसम गया निचोड़ मुझे

कली बना के खिला और फूल-सा महका
महक उठूँ तो हवा पत्ती-पत्ती तोड़ मुझे।

1. दायरा 2. एक जैसी

वृन्दावन के कृष्ण कन्हैया अल्ला हूँ

वृन्दावन के कृष्ण कन्हैया अल्ला हूँ
बंसी, राधा, गीता, गय्या अल्ला हूँ

थोड़े तिनके, थोड़े दाने थोड़ा जल
एक ही जैसी हर गोरैया अल्ला हूँ

एक ही दर्या, नीला, पीला, लाल, हरा
सबकी अपनी अपनी नैया अल्ला हूँ

जैसा जिसका बर्तन वैसा उसका मन
घटती बढ़ती गंगा मैया अल्ला हूँ

मौलवियों का सज्दा, पंडित की पूजा
मज़दूरों की हैया हैया अल्ला हूँ

जो हुआ वो हुआ किसलिये

जो हुआ वो हुआ किस लिये
हो गया तो गिला किस लिये

काम तो हैं जमीं पर बहुत
आसमाँ पर खुदा किस लिये

एक ही थी सुकूँ की जगह
घर में ये आइना किस लिये

तुम ये कैसे जुदा हो गये

तुम ये कैसे जुदा हो गये?
हर तरफ हर जगह हो गये

जाने वाले गये ही कहाँ
चांद सूरज घटा हो गये

बेवफा तो, न वो थे न हम
यूँ हुआ, बस जुदा हो गये

आँखों भर आकाश

छोटा करके देखिए जीवन का विस्तार
आँखों भर आकाश है मुट्ठी भर संसार

●●●